L'ÉDUCATION FÉMINISTE

Mariage, Divorce, Union libre

PAR

PAUL ET VICTOR MARGUERITTE

❋

PRIX : **20** centimes

SOCIÉTÉ D'ÉDUCATION & D'ACTION FÉMINISTES

7, rue de la Tunisie, LYON

1906

Mariage, Divorce, Union Libre

———

I. — Le Mariage et l'Union libre, selon les Mœurs actuelles

Le monde, les sociétés sont un perpétuel devenir. Cette loi du mouvement, cette vie changeante des êtres et des choses, des idées et des sentiments, c'est le principe qui doit présider à toute philosophie. Nous sommes de ceux qui pensent que l'âme humaine est en marche vers la réalisation d'un progrès qui consiste dans un peu plus de justice, c'est-à-dire un peu plus de bonheur pour tous. Nous nions que l'histoire soit un piétinement sur place, un vain tournoiement où les cycles à venir seront pareils aux cycles révolus. Nous voyons dans le passé non point un idéal réalisé, mais la leçon de l'avenir, une leçon dont il faut beaucoup prendre et beaucoup laisser. Nous ne dissertons pas sur le plus ou moins de beauté des démocraties. Nous les prenons pour ce qu'elles sont, la forme d'aujourd'hui et de demain, et pour qu'aujourd'hui et demain vaillent mieux qu'hier, nous essayons d'accommoder, dans le présent, ce qu'avaient de beau les mœurs anciennes, et ce qu'ont, sinon toujours de bon, du moins d'impérieusement nécessaire, les nouvelles.

Famille, patrie même, les cadres d'autrefois, sous la poussée formidable d'en bas, sous l'effort des malheureux, tremblent et craquent. A nous d'accommoder, avec les exigences actuelles, ces nécessités fondamentales, et d'unir traditions et nouveautés de telle sorte que la chaîne nationale, sans rien perdre de son unité, acquière plus de souplesse et de force, continue à lier, d'un faisceau solide, joies et souffrances individuelles, toute notre raison d'être sur terre.

Disons-le vite, la plupart des lois françaises qui régissent la famille, pour ne parler que d'elle ici, sont à refaire. Notre individualisme moderne est à l'étroit, éclate dans cette armature rigide qu'est le Code civil, promulgué en 1804, et vieux, en 1906, non point de cent deux ans, mais de deux mille ans.

Fait au bénéfice de la seule famille bourgeoise, de celle qui possède, notre Code a le souci du patrimoine, privilège d'une caste, beaucoup plus que le culte de la patrie heureuse, de la patrie source unique de fortune pour toutes les classes. Il consacre trop d'inégalités, trop d'injustices. On devine, à chaque ligne, la dure main de celui qui tenait la plume, — non ces conseillers d'Etat, ex-révolutionnaires devenus pénitents, diables faits ermites, — mais celle du maître, de Napoléon. Le Code civil respire, d'un bout à l'autre, l'âpre égoïsme bourgeois, le culte de l'argent et de la force. On y sent trop le mépris des faibles, de la femme. Il verrouille, sur l'héritage, comme sur le saint des saints, trop de portes. Il ne songe pas assez à la foule, qui n'hérite pas et qui a faim, à la foule de ceux qui souffrent.

Il faut, si l'on ne veut pas que la Révolution se charge de déblayer ce qui, dans ce Code prématurément vieilli, tombe en ruines, une évolution prompte, une réfection sans retard.

Substitution, dans le régime légal, de la séparation de biens à la communauté ; mariage licite à 21 ans, suppression de toutes les formalités qui l'encombrent à l'entrée, élargissement de celles qui l'étranglent à la sortie, abrogation des lois pénales en matière d'adultère, liberté de tester, recherche de la paternité, abrogation des mesures iniques contre les enfants naturels, ceux dits : adultérins surtout (1) — c'est toute une aération prompte, indispensable, de notre législation familiale !

Là-dessus, quantité de bons ou de mauvais esprits, sans trop réfléchir, se mettent à crier à la fin de la famille, à la ruine de la société. Pour ne nous occuper que de la seule question du mariage et du divorce, on prétend — c'est

(1) Nés hors de mariage de parents déjà mariés.

devenu un lieu commun — qu'en demandant le rétablissement du divorce par la volonté d'un seul, nous faisons
besogne d'anarchiste, nous sommes les pires ennemis de
la famille et de la société. Nous courons tout droit à l'union
libre.

Il convient de s'expliquer.

Nul idéal ne nous apparaît plus beau que celui de
l'union libre. Se choisir sans ignobles considérations
d'argent, se garder tant qu'on met en commun le meilleur
du cœur, toute la vie si l'or peut, — en élevant ses enfants
à cette fière école : le respect des autres et de soi-même,
c'est admirable.

Mais, cela nettement avoué, empressons-nous de recon-
naître que pour trop d'êtres et pour trop longtemps
encore, union libre ne signifie pas et ne signifiera pas du
tout cela. Union libre, c'est comme si on disait : « accom-
plissement de deux caprices, suivi d'un prompt lâchage.
On se prend, on se quitte. Bonjour, bonsoir. Et les
enfants ? Bah ! les enfants... Ils deviendront ce qu'ils
pourront. » Et il suffit, en effet, que cette définition de
l'union libre réponde, hélas ! à la conception que tant de
gens s'en font, pour que nous estimions que l'union libre,
où la femme n'est point légalement protégée, où les droits
des enfants sont légalement méconnus, n'est pas adaptée
encore, le moins du monde, à nos âpres mœurs mascu-
lines. Les plus faibles : la femme, l'enfant y sont trop
sacrifiés. Il faut une longue éducation encore, et que la
fière morale laïque se soit élevée, dans toutes les âmes,
sur les débris corrompus de la morale catholique, pour
que l'union libre corresponde à nos mœurs et par consé-
quent entre dans nos lois, qui ne font qu'enregistrer, tardi-
vement et timidement, les mœurs.

Donc, point d'équivoque.

Nous ne sommes pas, à l'heure actuelle, des partisans
de l'union libre.

Nous souhaitons, comme plus adapté aux besoins de
notre temps, le maintien du mariage. On y peut, certes,
porter le même idéal que dans l'union libre, y voir le
magnifique rapprochement de deux êtres pour le
bonheur et l'adversité, la pauvreté et la richesse, la vie et
la mort. Les enfants, la femme y sont, en outre, sous la
sauvegarde des contrats sociaux. Nous irons plus loin :
nous voudrions ce mariage-là, de même que l'union libre,
indissoluble de par l'accord quotidien des volontés. C'est
dire que nous ne différons guère, sur le principe, du noble
concept religieux. Nous ne nous en séparons, mais là,

radicalement, que sur le meilleur moyen d'assurer l'existence de ce principe et d'en prolonger la durée.

Il faut bien admettre, en effet, que la plupart des mariages sont, dans la réalité, assez loin de cette espèce de mariage rêve que nous venons de dépeindre. Eh bien, le jour où les dissentiments, les trahisons, la haine sont entrés dans la maison, transformant le paradis en enfer, nous pensons en fait qu'il n'y a aucun, mais aucun avantage social au maintien indissoluble de ce qui n'est plus alors qu'une parodie sacrilège, à l'existence de ces faux bonheurs privés qui sont presque toujours des malheurs publics.

Une prompte, une complète, une digne rupture, voilà le remède. Les enfants, oui, les enfants d'abord, puis les parents, enfin la société, tous y gagneraient. On rendrait au mariage élargi, libéré, toute une grandeur consciente, une beauté morale qui, actuellement, lui manquent. On ne pourrait plus alors le définir, comme l'a fait si vigoureureusement le romancier anglais Thomas Hardy, dans une belle page de *Jude l'Obscur*, et comme on peut le faire trop souvent : « un adultère légal, fondé sur d'abjects intérêts, un contrat sordide basé sur des considérations matérielles d'impôts, d'héritages en terres ou en argent pour les enfants » — oh ! pas les naturels, les légitimes seuls, comme si, selon le joli mot d'un auteur dramatique, tous les enfants n'étaient pas naturels ! Nous ne parlons ici, bien entendu, que des mauvais mariages. Il y en aura toujours de bons, heureusement. Le divorce élargi ne menace pas ceux-là.

II. — Le Divorce tel qu'il fonctionne actuellement

Mais le divorce actuel, nous dira-t-on, ne vous donne donc pas une satisfaction suffisante ? Il paraît qu'on l'obtient avec une facilité étonnante. Que voulez-vous de plus ?

Ici, quelques mots d'historique :

Décrété en 1792 par la Convention nationale, à peu près

sous la forme où nous désirerions le voir revivre aujour-
d'hui, le divorce, qui avait fonctionné d'une façon très
large encore sous le Premier Empire, fut supprimé en
1816, à la Restauration. Soixante-huit ans durant, on ne
connut que le déplorable régime de la séparation de corps,
si contraire aux vrais intérêts de la société. En 1884 enfin,
après une énergique campagne menée par Alfred Naquet,
le divorce était rétabli. Mais peureusement, incomplète-
ment. Et ce qui, alors, était un progrès n'est plus en
accord, aujourd'hui, avec le grandissant besoin de justice,
de propreté morale, de liberté consciente, dont nos
mœurs tendent à s'imprégner peu à peu, dans cette question primordiale de l'union des sexes, comme dans toutes
celles dont se préoccupent l'idéal d'aujourd'hui et celui de
demain.

Le divorce français n'est, en effet, obligatoirement déter-
miné que par deux causes. La première, c'est le flagrant
délit d'adultère. Mais outre qu'il n'est pas toujours très...
saisissable,— Dieu sait même à quelle comédie scandaleuse
ces constatations, parfois, donnent lieu, — beaucoup de
conjoints, en qui subsiste un peu de sens moral, répugnent
à invoquer ce motif, dont les enfants demeurent les premiers atteints. La seconde cause, c'est la condamnation à
une peine afflictive et infamante : les travaux forcés, la
déportation, la mort... vous pensez qu'on l'invoque assez
rarement ! Ce ne sont pas des moyens à la portée de tout
le monde. Quant au vol, à l'escroquerie, à l'abus de confiance, à l'outrage à la pudeur, à l'attentat aux mœurs, qui
élargiraient peut-être avec raison les cas prévus, ils sont
tenus pour rien, ne comptent pas obligatoirement.

Restent trois ordres de causes pour lesquelles le divorce
est facultatif, dépend de l'appréciation des juges : 1º Excès,
les actes qui mettent la vie en danger ou compromettent
la santé de celui qui en est l'objet ; 2º Sévices, les actes de
cruauté, de brutalité et de méchanceté qui, sans porter
atteinte à la vie ou à la santé, rendent la vie commune
impossible ; 3º Injures graves, enfin, les paroles ou écrits
outrageants, les faits portant atteinte à l'honneur.

Où commencent, où finissent ces causes incertaines ?
Diversité, contradiction, mystère. La balance de Thémis
est instable et folle. On dresserait une liste sans fin,
cocasse et tragique, avec ses variations. Les tribunaux et
les cours s'opposent. Blanc ici, noir là.

S'il n'y avait encore que les juges ! Mais il y a les avoués
toujours retors, les avocats trop souvent diffamateurs,
tout un peuple de robes noires qui s'agite dans le palais

comme un bourdonnement de guêpes dans la ruche. C'est au milieu de la risée publique, dans un brouhaha de curiosités malsaines, que se dénouent des drames intimes, qui, entre tous, auraient droit au huis-clos.

C'est ainsi. Ce qui ne regarde que l'individu, ce qui devrait être caché à presque tous, le cruel débat de l'amour et de la douleur, la sanie des plaies les plus intimes, il faut que cela soit livré au scandale public, comme un bilan de retentissante banqueroute.

Les lenteurs envenimées du procès, les traquenards de la jurisprudence, telle cette chinoiserie de la réconciliation, que nous avons signalée dans *Le Cœur et la Loi*, les enquêtes interminables et malpropres, — toutes ces causes directes de tant de crimes passionnels, — rien n'est épargné à ceux qui ne se sont pas mis d'accord pour gravir le calvaire.

Le divorce pour ceux-là n'est plus qu'un répugnant combat.

On voudrait du silence, on a le Palais bruyant, les potins calomnieux des couloirs, l'éclat des plaidoiries dans le murmure des salles d'audience ! Indifférents, curieux, amis sont là, s'emplissent les oreilles, en ont plein la bouche. Le compte rendu des débats a beau être interdit : trop tard, le mal est fait, l'écho retentit, à tel point que des coups de revolver, trop souvent, le prolongent.

On voudrait de la propreté, on a de la boue. La boue ! Elle tache les assignations, les requêtes, les citations, les ordonnances, les exploits, les placets, les procès-verbaux d'enquêtes, les jugements, les arrêts ; elle envahit les études d'avoués, où, du patron jusqu'au petit clerc, chacun plaisante les infamies tout au long articulées. Elle s'accumule dans les bureaux d'avocats, dans les officines d'huissiers, dans les innombrables greffes ; elle s'étale et déborde sur la barre des tribunaux et des cours d'appel !...

On voudrait de la rapidité, on a les délais de la procédure, l'encombrement des rôles, les remises de mois en mois, avoués, avocats, se concertant pour le renvoi aux calendes grecques, si bien que des procès qui devraient être terminés en quelques semaines durent des années, et deviennent un luxe pour les riches, et une ruine pour les pauvres !

Heureux même ceux qui arrivent au terme, et qu'un déboutement inique ne rejette pas dans leur enfer. Ce sont encore des privilégiés. Il en est qui ne peuvent seulement pas arriver jusqu'au juge ; leurs souffrances ne rentrent pas

dans les compartiments de la loi. Ceux-là sont condamnés
au supplice quotidien que créent la divergence des idées
morales et religieuses, la lutte acharnée des caractères, la
répulsion des corps. D'autres sont liés, jusqu'à leur
dernier soupir, au cadavre vivant d'un fou, d'un impuis-
sant, d'un siphylitique.

Telle est l'habituelle figure de nos procès en divorce. La
loi d'une part, les mœurs du Palais de l'autre le néces-
sitent.

On voit combien tout cela pêche, dans le principe
comme dans l'application. Dans le but de limiter le
divorce, qu'ils considéraient alors bien plus comme un
mal que comme un remède, les législateurs de 1884 ont, en
effet, omis de faire figurer, parmi les causes obligatoires
ou facultatives, des motifs absolument péremptoires, dont
la lacune étonne à bon droit. C'est ainsi qu'on ne peut
légalement divorcer ni d'avec un aliéné, fut-il enfermé
depuis des années, ni d'avec un voleur, ni d'avec un être
atteint de maladies ou de vices incurables. De même,
dans leur crainte que le mariage laisse fuir, par cette
brèche, trop de prisonniers de la geôle, ces législateurs
prudents, mais mal avisés, ont repoussé ce qu'avait admis
la loi de 1792, ce qu'admet, ailleurs, le bon sens de la
plupart des Codes : le divorce par consentement mutuel.

Manque singulier de logique ! car enfin, ou il faut
repousser le principe même du divorce, s'incliner devant
la conception du mariage catholique, indissoluble quoi
qu'il advienne, verrouiller la prison au risque d'y voir
étouffer père, mère, enfants, — ou, si l'on entrebaille la
porte, il faut que tous les cas vraiment dignes d'intérêt ou
de pitié puissent passer par là, proprement, librement.

Aussi bien, qu'est-il advenu ? Privés du seul mode de
rupture honorable et logique, les plaignants, lorsqu'ils
sont d'accord, tournent la difficulté, en tournant la loi ; au
lieu d'un consentement mutuel légal, une jurisprudence
de consentement mutuel frauduleux s'est établie. Pour
divorcer sans bruit, et vite, en s'entend généralement, on
simule un abandon du domicile conjugal. Les juges
ferment les yeux. Le divorce par consentement mutuel,
interdit par la loi, est prononcé par le tribunal. Passez,
muscade ! C'est de la prestidigitation, ce n'est plus de la
justice.

Aussi disons-nous qu'une loi qu'il faut tourner, pour
qu'on l'applique, est une loi mal faite. Et plus mal faite
encore, une loi, partant d'un principe de liberté qui y met
des restrictions telles que, et constamment, à l'usage, la

liberté la plus sacrée de l'individu y est violée, sansbénéfice aucun pour la société, à son plus grand désavantage, au contraire. Or, une loi mal faite, il faut la refaire.

III. — Quelques considérations sur le divorce

Tout d'abord, écartons résolument toute préoccupation d'idées religieuses.

Partisans de la suprématie de l'Eglise, les catholiques ne se résignent pas au rétablissement d'une loi qu'ils avaient fait supprimer, en 1816, à la requête de M. de Bonald, sur le rapport de M. de Lamoignon, soutenu par M. de la Luzerne, évêque de Langres, et M. de Clermont-Tonnerre, évêque de Châlons. Leur seul point de doctrine ferme est celui-ci : asservissement de la loi civile à l'autorité spirituelle. Question de foi ? Point, mais de politique. Jusqu'au huitième siècle, l'Eglise consentait au divorce, même au remariage. Sous Napoléon Ier, pliant sous le plus fort, elle bénissait les divorcés. Aujourd'hui, le divorce lui semble une monstruosité. Mais puisque, à ses yeux, le mariage civil ne se distingue pas du concubinage, que devrait lui importer sa rupture civile? Et quand à la rupture religieuse, le Vatican ne se réserve-t-il pas son divorce à lui, ses cas payants de *nullités* ? Scandale pire, acte jésuitique, puisqu'on décrète alors que le mariage n'a jamais existé, puisqu'on supprime virtuellement jusqu'à l'existence des enfants ? Mais de tels raisonneurs ne se piquent pas de logique, ils se réclament plus ou moins ouvertement d'un intérêt de parti, ne se targuant de liberté de conscience que pour opprimer celle des autres. De quel droit, eux qu'on ne contraint pas à se considérer comme divorcés, eux à qui la séparation de corps est licite, eux que rien n'oblige d'ailleurs à se remarier, de quel droit s'opposeraient-ils donc à ce que divorcent les protestants, les israélites, les libres-penseurs, au même titre citoyens français ?

Mais d'autres objections s'élèvent.

Toutes viennent du passé, du fond d'un passé de supers-
tition religieuse et de dogmatisme juridique. Toutes sont
les voix, déguisées ou non, de la séculaire oppression
masculine.

On nous dit, tout d'abord : Ce n'est pas avec le divorce
que vous arriverez à moraliser le mariage. Le mal dont il
souffre, c'est de plus haut, de plus loin qu'il le faut
diagnostiquer et soigner.

Soit! Dans la bourgeoisie française, en effet... Remarquons, entre parenthèses, que dans cette étude nous avons
visé de préférence la bourgeoisie, parce que c'est parmi
elle, surtout, que la question du divorce semble avoir de
l'importance. Qui dit bourgeoisie, dit argent. Et qui dit
argent, indique sinon la seule raison d'être, du moins une
des questions fondamentales, en fait de mariage, et par
suite, de divorce... Le paysan, lui, divorce à peine; à la
campagne, on se hait, on s'assassine parfois, mais on se
garde pour ne pas partager le peu qu'on a et pour hériter
de son conjoint. Quant à l'ouvrier, sans doute il divorce
davantage, par alcoolisme, misère de la femme, caprices
de l'homme, mais ces divorces-là, qui relèvent de l'assis-
tance judiciaire, ne font pas de bruit, parce qu'ils sont
expédiés à la grosse, sans enquête préalable, parfois sur
de simples notes de police, le plus souvent même par
défaut, si bien que le président Séré de Rivières a pu dire
que le divorce par la volonté d'un seul existait chez nous,
en fait, pour les indigents. L'ouvrier s'en va, la femme
demande le divorce, le tribunal généralement l'accorde,
en un de ces jugements sommaires, annoncés par ving-
taines, au début de l'audience. Un point, c'est tout.

Ce qui ne veut pas dire que l'élargissement du divorce
ne sera pas infiniment profitable aux humbles, au contraire, car, dans trop de cas, beaucoup de malheureuses
demeurent victimes de la loi telle qu'elle fonctionne. Le
divorce facile est donc de ces nécessités que la classe
ouvrière, non seulement comprend, mais encore réclame.
Tandis que dans la bourgeoisie...

Ah! dans la bourgeoisie, le mariage c'est une autre
affaire... C'est une affaire tout court. Cela touche à
toutes sortes de considérations et d'intérêts, où l'amour
entre si peu en ligne de compte, que Paul Hervieu, pro-
posant récemment d'inscrire cet absent parmi la liste des
obligations présentes, fit scandale, souleva l'ironie générale. Dans la bourgeoisie, on se marie tard, et l'on aime
à se marier richement. Ce qui devrait être l'association

idéale n'est que l'accouplement de la convoitise et de l'ignorance. La jeune fille, fréquemment, est élevée dans l'inconscience de ses vrais devoirs, d'une vie intelligente et simple, avec un goût de luxe, un besoin de dépenses ; elle ne voit, trop souvent, dans le mari, que l'éditeur responsable ; de même que trop souvent le mari n'envisage, dans l'union projetée, que le chiffre de la dot ou la somme des espérances. Et ce n'est pas seulement dans l'idée réciproque que la jeune fille et l'homme fait ont du mariage, — nous disons l'homme fait, parce que le jeune homme conjugue généralement, jusqu'à 30 ans, d'autres verbes que le conjungo, — c'est, encore une fois, dans les dispositions légales réglant l'union que réside le mal. Le régime des biens, qui est la communauté, constitue, dès qu'il y a mésentente, une source de griefs empoisonnés.

Hélas ! ce tableau est exact. Répétons-le, les réformes que nous souhaitons pour le divorce ne sont qu'un des détails de la vaste réforme d'ensemble à poursuivre. Réformes qui doivent affecter les mœurs d'abord, par un lent, un vaste travail d'éducation meilleure, une compréhension nouvelle des devoirs et des charges de la vie, aussi bien pour la femme que pour l'homme. Réformes que doit servir l'amélioration parallèle des lois et qu'exigent impérieusement le droit nouveau, le progrès de l'esprit de justice !

— Comment ! nous objecte-t-on, le droit nouveau, l'esprit de justice !... quel progrès pouvez-vous trouver à relâcher le mariage, en facilitant le divorce ? Car vous relâchez ce lien admirable du mariage, cette armature indispensable, vous achevez de disperser, à tous les mauvais vents, cette famille que vous dites, avant même l'individu, être la cellule du corps social et que vous êtes les premiers à désagréger.

Distinguons. D'abord, il s'agirait de prouver que le maintien des mauvais ménages peut servir la société. Et cela nous le nions énergiquement. Le lien est admirable, soit, à condition de ne pas accoler de force, l'une à l'autre, de la douleur et de la haine, de ne pas enserrer, ignoblement, deux grangrènes. Au maintien de ces ménages-là, la société n'a à gagner que le dédoublement en ménages clandestins, et des naissances illégitimes ! A tout le moins une stagnation dans la natalité, de précieuses forces perdues. Le beau résultat !... Non ! le corps social ne sera sain qu'autant que les cellules qui le composent seront saines.

Il est absurde d'admettre que l'intérêt de la société soit

de vivre en hypocrisie, de favoriser les unions irrégulières, secrètes ou publiques, ces unions stériles par prudence, fécondes par malheur, tant les préjugés et la loi frappent impitoyablement l'enfant irresponsable, l'innocent, l'intrus.

— Mais, dira le moraliste pudibond, il n'est pas question de ces déshérités, nous nous soucions peu des bâtards ; et bien que depuis 1816 le nombre des enfants naturels ait doublé en France, au point qu'on compte 3 millions d'enfants illégitimes, bien que le suicide des filles-mères augmente, — quand nous invoquons l'intérêt des enfants, nous entendons parler des seuls enfants légitimes. C'est à eux que l'indissolubilité du mariage profite, c'est eux que le divorce sacrifie.

En est-on sûr ?

Eh ! bien, cet argument, qui, au premier abord, semble le plus touchant et le plus fort de ceux qu'on ait formulés contre le divorce, nous apparaît à la réflexion un de ceux qui précisément militent, sinon avec le plus de poids, du moins avec une triste autorité en sa faveur.

Les enfants ? Mais d'abord, comment pourraient-ils se féliciter d'un ordre de choses qui crée tant d'illégitimes et d'adultérins ? Et puis, sont-ils plus heureux, vraiment, leur situation, en outre, est-elle plus morale, dans un foyer en discorde ? Quoi, l'intérêt des enfants serait de grandir entre deux êtres qui se détestent, d'assister aux scènes outrageantes, de perdre tout respect de leurs parents, d'apprendre, comme dit un des personnages de notre pièce *le Cœur et la Loi*, à haïr l'un ou à mépriser les deux ? Leur intérêt serait d'être les témoins impuissants et navrés de l'enfer conjugal ? Quelle dérision ! Il faut savoir, il faut avoir vu ce que deviennent les enfants dans un de ces ménages-là. Il faut avoir vu leurs pauvres yeux d'angoisse, leurs lèvres serrées qui tremblent, leur pâleur, et cette façon de se terrer, de se faire tout petits, pour comprendre que, lorsqu'on invoque leur intérêt, on ment. Quand il y a dans un ménage quelque chose de pourri, ne vous demandez pas qui le premier est atteint par la petite tache sinistre, c'est l'enfant, toujours l'enfant. C'est pour lui que nous réclamons le divorce silencieux et rapide. Prolonger sous ses yeux la lutte exécrable de deux êtres dont il ne devrait recevoir que des leçons d'intelligence et de dignité, c'est pis qu'une insanité, c'est un crime !

— Mais, reprend le moraliste tenace, que deviendra l'enfant après le divorce ? Les parents remariés, la parâtrie ou la marâtrie installées au nouveau foyer?... — Soit, alors il faudrait, en même temps que le divorce, empêcher le remariage du veuf, ou de la veuve, qui auraient des enfants? Car du moment que vous admettez les secondes noces... D'ailleurs, soyez-en sûrs, les enfants seront moins malheureux dans les ménages remariés que dans des ménages irréguliers, presque inévitables, dit la statistique. Il y a, Dieu merci, de braves gens capables d'aimer les enfants d'autrui. Et leur affection se manifestera d'autant mieux qu'elle ne sera pas entravée par les difficultés d'une situation douloureuse.

Au surplus, quand on discute cette question, on oublie toujours qu'on n'a pas le choix. Evidemment, il vaudrait mieux pour les enfants vivre dans des conditions normales, auprès de parents heureux s'aimant et s'estimant. Mais tel n'est pas le cas : la haine, le dégoût, l'injure, les reproches, tout ce qui ravale, tout ce qui salit, sont entrés dans la maison. Dès lors tout vaut mieux pour eux que de rester dans cette atmosphère empoisonnée.

— Pourtant, ajoutera notre moraliste, il se peut qu'avec le temps certaines disputes s'apaisent, que des ménages désunis se rapprochent... On s'était cru ennemis, et puis on finit amis, la main dans la main. Sans la perspective du divorce, bien des mariages ne se déferaient pas. Vous vous occupez trop des cas particuliers.

Et nous répondrons :

— C'est possible. Mais pour quelques-uns de ces foyers, où la flamme aura couvé sous la cendre, allez-vous mettre en balance tous les foyers irrémédiablement éteints! tous les foyers que désertent le mari et la femme, liés de nom, déliés de fait! Le cas que vous citez est infiniment plus particulier, moins fréquent que ceux qui nous occupent et qui, à eux tous, finissent par faire de la honte et de la souffrance collectives!

Autre point de vue, on accuse assez volontiers le divorce, — remarquons, en passant, qu'il n'y en a pas tant que cela! — de se multiplier, de faire la boule de neige, d'entraîner bientôt la famille dans son avalanche. C'est une crainte absolument chimérique.

Ici, nous céderons la parole au plus illustre avocat de la cause. A Alfred Naquet en personne. Il nous semble que sa réplique a du bon.

« Les facilités qu'on propose d'apporter à l'obtention du divorce, dit-il, ne présentent aucun danger social et ne peuvent exercer sur la société qu'une influence avantageuse.

« Supposer un péril, c'est admettre implicitement que la loi qui règle les unions des sexes a puissance sur ces unions et que, selon qu'elle se relâche ou devient plus sévère, le nombre des ménages qui se dissolvent subit une augmentation ou une diminution.

« C'est là une contre-vérité absolue. Les ruptures des liens conjugaux ne sont affectées à aucun degré par la législation. Elles dépendent de conditions sociales ou religieuses absolument indépendantes des lois qui règlent la matière. Le fait a été établi d'une manière péremptoire et définitive par M. Jacques Bertillon, dans une scientifique et saisissante démonstration.

« Or, si toute l'argumentation des adversaires du divorce porte sur le rapport supposé qui existerait entre les facilités de divorce et le nombre des familles brisées, et s'il est démontré avec la dernière évidence qu'entre ces deux ordres de phénomènes, le rapport qu'on suppose n'existe pas, tout le raisonnement s'écroule *ipso facto*.

« Malheureusement, si les lois n'influent en rien sur le nombre des ménages qui se désaccordent, elles ont pour effet de rendre ces désunions apparentes ou de les laisser dans l'ombre, d'où une illusion d'optique qui porte les hommes à les prendre pour cause des phénomènes qu'elles se bornent à enregistrer.

« Supposez, en effet, que la séparation de corps soit, elle-même, bannie de nos codes. Croit-on que les époux à qui la vie commune est insupportable, demeureraient enchaînés l'un à l'autre ? En aucune façon ! la nature est plus forte que la loi. Ils se sépareraient à l'amiable. Mais comme il n'y aurait ni procès, ni décisions judiciaires, ni aucun acte administratif, seuls, les proches des époux auraient connaissance de leur séparation ; la société n'en serait pas informée : les statistiques seraient muettes et, en face de la rubrique « séparation de corps », elles répondraient : o, quoique ce zéro ne correspondît à rien de réel.

« Qu'au contraire la séparation de corps soit établie, certains ménages se sépareront d'une manière officielle, et le zéro ci-dessus sera remplacé par un chiffre positif. Pourtant ce chiffre ne représentera qu'une fraction minime des séparations réelles, car la séparation judiciaire n'apportant pas aux conjoints la faculté de se remarier, la plupart d'entre eux éviteront un scandale inutile ; et, sauf des cas particulièrement graves et exceptionnels, ils se dispenseront d'un appel à la justice.

« Enfin, si la loi devient vraiment ce qu'elle doit être ;

si le divorce s'obtient sans frais, devant un tribunal arbitral, comme celui de 1792, sans débats, sur la simple constatation de quelques formalités, s'il est de droit, soit dans le cas de consentement mutuel, soit lorsqu'il est réclamé d'une façon persistante par un seul des époux, une situation franche étant supérieure à une situation interlope, tous les époux désunis de fait divorceront en droit. Le chiffre placé en face de la rubrique « *divorce* » représentera alors la presque totalité des ménages brisés.

« Mais, dans tous les cas, le nombre de ces ménages sera le même, perceptible dans un cas, latent dans d'autres. La loi n'aura pas d'autre effet que de les laisser dans l'ombre ou de les faire apparaître au jour. Je me trompe, si elle en a un, il sera d'améliorer les relations d'homme à femme par la considération et les prévenances réciproques qu'entraîne toujours la pratique de la liberté. Ne l'eût-elle pas, d'ailleurs, et les choses demeurassent-elles, à cet égard, ce qu'elles sont aujourd'hui, il resterait toujours utile, selon l'expression de Fourier, de faire vivre le genre humain en ordre de vérité, au lieu de le laisser vivre en ordre de mensonge » (1).

L'intérêt des enfants, celui de la famille, voilà, nous semble-t-il, les principales objections de sentiment qu'on nous a faites. Il nous semble y avoir répondu.

Venons-en, maintenant, aux objections des juristes. C'est curieux comme beaucoup d'esprits libéraux, sincèrement tournés vers l'horizon d'une société meilleure, conservent l'empreinte latine, le dur sceau des lois romaines qui ont modelé, marqué notre cerveau.

Sans se soucier du fond du contrat, la chair et l'esprit d'êtres qui souffrent, les juristes en effet ne s'arrêtent qu'à la lettre, et, avec de froids syllogismes, discutent du contrat en soi comme d'une abstraction, de ses causes, de ses effets, *cur, quomodo?*... Cercle de formules où ils s'enferment. Tant les mots ont de pouvoir sur les idées !

« Le droit, disent-ils, est une science positive. C'est le fruit de la sagesse des siècles, la raison codifiée, la résultante historique et philosophique des droits et des devoirs de tous ».

Mais la vie marche ! Les mœurs évoluent ; le souffle de progrès, qui souleva la France en 89, est en train de modifier le présent ; un avenir où il y aura plus de justice et moins de souffrance pour l'individu s'ébauche. Qui de

(1) V. Enquêtes diverses, *Quelques Idées*, par P. et V. Margueritte. Plon, éditeur.

nous ne sent que l'ancien droit craque de toutes parts ?
Vieux de cent ans et de deux mille ans, notre Code ne
répond plus aux besoins d'aujourd'hui.

Donc, les juristes nous disent :

— Le consentement mutuel, oui, rien de plus équitable !
On a été deux pour contracter, on est deux pour rompre ;
l'essence du contrat synallagmatique est respectée. Quant
à la volonté unilatérale, sans cause déterminée, halte-là !
Comment, à quel titre un seul pourra-t-il résilier le contrat consenti entre deux ? C'est contraire à tous les principes. Vous étiez deux pour vous engager, il faut être deux
pour rompre.

Nous répondrons :

— Le mariage, qui n'engage pas seulement des intérêts
matériels, mais le corps et l'âme, est un contrat différent
de tous les autres. Au-dessus du droit romain, il y a le
droit humain. Deux êtres ne peuvent s'abdiquer, s'aliéner
à jamais par contrat. Inadmissible en principe, une telle
dérogation au droit naturel ne serait acceptable que si ce
contrat, le plus élevé, le plus étroit de tous, — puisqu'il
suppose une communion constante, — était maintenu
également, de part et d'autre. Dès l'heure où l'un des
deux y contrevient gravement, il le rompt, *ipso facto*.
Le propre d'un contrat, conclu par deux, n'est-il pas d'être
observé et maintenu *par deux* ? Plus de contrat, si l'une
des volontés manque.

Objectera-t-on que, valable à la rigueur pour les mariages à venir, une telle conception ne saurait atteindre
les mariages passés ? Mais s'est-on épousé, en acceptant *a
priori* d'être malheureux l'un par l'autre, trompé, spolié ?
Le contrat de vie partagée dans les jours de joie comme
dans les jours de deuil, n'y souscrivait-on pas avec la pensée de se rendre l'un à l'autre l'existence supportable :
qui donc se serait engagé pour la trahison, le dol, la mé-
sintelligence et la haine ? Chacun, au fond du cœur, sans
y songer même, introduisait cette clause tacite et résolu-
toire.

N'est-ce point d'ailleurs un contrat vicié d'avance, celui
auquel les contractants n'apportent point une connaissance égale ? La jeune fille, que son éducation jette le plus
souvent désarmée, de la famille qui l'élève en mineure au
mariage qui lui révèle un esclavage nouveau, la jeune
fille n'est-elle pas le plus souvent inapte à s'engager plei-
nement ? Que de contrats par cela même caducs, dès la
seconde où ils sont signés ! Que de divorces commençant
à la première nuit !

Et puis on aura beau répéter : « Le mariage est un contrat qui,... un contrat que... » Il faut toujours revenir au
véritable dogme, à cette conquête du droit nouveau; po-
sons au-dessus de la discussion, au-dessus de tous les
principes, celui qui les éclaire, qui resplendit tout
entier dans le premier mot de la devise républicaine :
Liberté! Liberté *inaliénable* de l'individu!

— Mais c'est la répudiation? murmure-t-on.

— Oui, c'est la répudiation *réciproque*. Au reste, l'ins-
tabilité toujours possible, et des deux parts, ne devien-
dra-t-elle pas, précisément, un gage de stabilité? Car le
cœur humain est ainsi fait que, s'il se blase sur ce qu'il a,
il tient à ce qu'il craint de perdre. Bien avant nous, Mon-
taigne a dit : « Il y a nation où la closture des jardins et
des champs qu'on veut conserver se fait d'un filet de co-
ton et se trouve bien plus seure et plus ferme que nos
fosses et nos haves ». Avec le divorce par la volonté d'un
seul, on mettra plus de prudence à se choisir, plus de
soins à se garder.

— Mais le capital organique de la femme? Vous allez
l'abandonner diminuée, flétrie?

— Eh! Eh! Qui parle ici? Ne serait-ce pas le vieil
homme aux ataviques instincts qui voit dans la vierge une
conquête, dans la femme une propriété?... On épouse les
veuves, n'épousera-t-on pas les divorcées?

— Soit ! Il n'en reste pas moins que les femmes, que
vous voulez défendre, seront vos premières victimes !

— Eh ! là ! dirons-nous au juriste, vous devenez soudain
plus féministe que les femmes elles-mêmes ! Que voyons-
nous, en effet, dans la pratique? La plupart des divorces
sont demandés par elles. Le refuge du mariage, hélas!
n'est pas pour toutes le hâvre de protection et d'abri. A
en croire les lettres qui nous parviennent, c'est trop souvent le mauvais gîte ! Que d'infortunées, pour peu qu'il
y ait de l'argent à la clef, sont durement verrouillées et
gardées; la dot disparaît pièce à pièce ; et, quand tout est
mangé, le maître s'en va satisfaire dehors ses appétits. Du
haut en bas de l'échelle, surtout dans la classe ouvrière,
que de lamentables femmes, à la merci d'un ivrogne qui
les bat, d'une brute qui les terrorise et les gruge, et qui,
un beau jour, les plante là, disparaît, si bien que mariées
elles sont, mariées elles restent, avec leurs enfants sur
les bras, dans la plus cruelle solitude et la plus noire
misère !

Sans doute il y a des résignées, il y a des satisfaites. Il
y a celles qui, malheureuses, s'accrochent d'autant plus

aux bénéfices sociaux et à la considération bourgeoise. Il y a celles qui s'accommodent de la tolérance des mœurs, celles dont le mari couvre l'amant, parmi le sourire complice des salons, celles qui, paisiblement, attellent à deux, à trois, quatre ! Celles-là sont les vertueuses ennemies du divorce. Celles-là tiennent au lâche qui les abandonne, à l'infidèle qui les trompe, à l'exploiteur qui les ruine. Tout plutôt que de renoncer à leurs prérogatives, comme s'il y avait quelque fierté à ne se cramponner qu'à un bas orgueil, à de l'égoïsme, à de la boue ! Comme si, l'Union disparue, le mariage avait encore une raison d'être ! Est-ce pour celles-là qu'il faut plaider ?

Ne sont-elles pas plus dignes d'intérêt, de compassion, ces milliers de femmes que le lien conjugal étrangle, celles qui, opprimées, asservies, aspirent à l'air libre, à la propreté morale, fallût-il la payer par l'amertume d'une vie solitaire ?

Nous sommes de ceux qui veulent pour notre compagne un peu moins de protection, d'insultante pitié, un peu plus d'impartiale égalité.

Nous sommes avec ces femmes d'élite qui, au Congrès féministe de 1900, disaient : « On ne peut pas obliger par la loi un malhonnête homme à remplir ses devoirs vis-à-vis de sa femme. Il y a une infinité d'hommes qui quittent la maison et qui n'ont jamais pourvu pécuniairement à l'entretien de leur famille. La loi ne peut pas décréter l'honnêteté et la moralité. La conscience est la seule sanction ».

Notre réforme n'est autre chose que le vœu présenté à ce même Congrès féministe : non seulement le consentement mutuel, mais encore le divorce par volonté d'un seul, à la condition d'une manifestation réitérée de la volonté, trois ans de suite, à un an d'intervalle.

Ainsi, ce que nous demandons, ce n'est pas que, dans le mur de la geôle, on installe une porte battante, donnant passage à tout sortant ; c'est que, pour le principe, on perce simplement la porte, quitte à ne la laisser s'ouvrir qu'après de suffisants délais, à force de frapper.

Trois ans d'affirmation réitérée de la volonté, c'est une garantie plus que suffisante. cela obvie à toute possibilité d'abandon facile.

Voudrait-on arguer des excès auxquels a donné lieu, sous la Révolution, le Directoire et le Consulat, l'application de la volonté unilatéral, dire que la preuve défavorable est faite ? Oui, pour hier. Non, pour demain. Car d'où est venu l'abus sinon la délais alors trop restreints, et des conditions exceptionnelles d'une époque troublée, sortant d'un cauchemar de mort avec la frénésie de vivre? Le principe reste intact.

IV. — La Réforme prochaine : Le Mariage libre

Aussi avons-nous pleine confiance que, dans un temps donné, la Chambre française procèdera à l'élargissement complet du divorce; cela se fera sans doute en deux étapes. D'abord le consentement mutuel, passé dans la jurisprudence et dans les mœurs, et que la loi ne fera qu'enregistrer, en même temps que de nombreuses nouvelles causes déterminées, celles même qu'Alfred Naquet avait proposées en vain dès 1884, et dont l'omission incompréhensible a entaché d'étroitesse et d'injustice tout le système.

Ensuite viendra, un peu plus tard, le divorce par la volonté persistante d'un seul. Nous en avons démontré la nécessité, l'équité en droit. Il dépend de la sagesse des législateurs d'en restreindre l'application, en fait, d'y ajouter telles compensations qu'il estimera justes. Que l'époux demandeur, par exemple, soit contraint, dans la mesure de ses ressources, d'assurer à l'autre une subsistance honorable, si cet autre n'a pas de quoi vivre. Car, écrit fièrement Georges Renard, « il ne faut pas qu'une chaîne d'argent tienne seule attachés ceux entre qui le lien d'affection est brisé ».

Résumons-nous :

Toute la grandeur et la noblesse du mariage ne résident pour nous que dans le mutuel exercice d'une volonté consciente et d'une égale responsabilité. Ce ne sont pas ses privilèges qui rendent à nos yeux le mariage sacré, c'est le libre et double consentement sans lequel il ne mérite pas ces privilèges, et ne peut vivre. Quand il y a l'irréparable, un fossé de haine et de boue, à quoi sert de s'y rouler sans fin ? Quel bénéfice en peuvent bien recueillir l'individu amoindri, la société ravalée? Le mariage forcé, la chaîne au bout de laquelle deux ennemis se débattent et agonisent, est une conception sans fierté, *à laquelle les enfants sont les premiers sacrifiés*, un idéal inférieur à celui de l'union libre. « Il n'y a pas de mariage, dit la loi, art. 146, lorsqu'il n'y a point consentement ». Consentement jailli du cœur, renaissant de lui-même tous les jours de la vie; manifestation renouvelée, permanente, de la volonté d'être unis.

C'est parce que ce principe du droit moderne, proclamé par la Révolution : *la personne humaine est inaliénable*; c'est parce que ce principe essentiel, expression d'une morale nouvelle, est méconnu dans le mariage et le divorce actuels, que nous voulons l'y introduire. L'esclavage est aboli, les vœux éternels sont interdits; que le mariage malheureux ne soit pas une condamnation à perpétuité, cesse de pouvoir être un bagne!

Il faut, avant tout, consacrer un principe de liberté générale, quitte à le restreindre de façon à ce qu'il ne puisse léser la liberté individuelle. Il est odieux, il est révoltant qu'à notre époque un être puisse encore s'imposer à un autre, et par bassesse d'âme, vengeance, cupidité, haine, le cloue à lui jusqu'à la mort.

Et qu'on ne s'y méprenne pas, ce qu'il y a au fond de notre mariage libre, ce n'est pas, comme on l'a prétendu, l'union libre. Malgré l'idéal de responsabilité consciente, de haute dignité qu'elle comporte, nous la jugeons actuellement antisociale, opposée aux lois, méconnue par les mœurs. Elle ne participe pas aux bénéfices sociaux; la femme souvent, les enfants toujours y demeurent sacrifiés. Avant d'en arriver à cette forme de vie nouvelle, il faudra certes du temps, plus d'une étape.

Aussi, ce que nous voulons, ce n'est pas l'*union libre*, c'est une union légale, un lien souple, mais solide, c'est le mariage assaini, restauré, rendu plus sérieux aux femmes, moins redoutable aux hommes; les unes y apportant plus de conscience et de sincère désir d'affection durable; les autres, soyez-en certains, pas plus de désir d'argent ou d'instinct volage; c'est le mariage adapté aux mœurs d'aujourd'hui, le mariage libre enfin, tenant de son essence même, avec la force de sa durée, sa valeur sociale.

Et maintenant nous avons été jusqu'au bout de notre pensée.

Nous y avons été parce que nous considérons qu'il est du rôle et du devoir d'écrivains soucieux du présent et de l'avenir de leur pays, d'examiner avec franchise les problèmes qui le touchent. Nous y avons été parce que nous avons conscience que la morale sociale gagnera à plus de loyauté, à plus de probité dans la question de l'amour, parce que nous sommes de fervents partisans d'un mariage sans mensonge, tirant sa grandeur de sa liberté, parce que nous préférons, pour l'enfant d'abord, le fer des opérations, même les plus douloureuses, à la gangrène des mauvais ménages, parce que nous croyons que le divorce élargi ne mettra pas au jour une plaie de plus qu'il n'en existe déjà, parce que nous voulons rendre à la société des forces vives que l'union clandestine stérilise, parce que nous ne sommes pas enfin de ceux qui préfèrent le masque au visage, l'hypocrisie à la vérité! (1)

PAUL ET VICTOR MARGUERITTE.

(1) Voir, pour l'étude des projets de loi, *Quelques Idées*, par P. et V. Margueritte. Plon, éd.

Poligny, imp. A. Jacquin.

BIBLIOGRAPHIE

Ouvrages relatifs à la puériculture, à l'éducation et à la protection de l'enfance :

Dépopulation et Puériculture, par PAUL STRAUSS. 1 vol. br., 3 fr. 50. Charpentier, éditeur.

La Puériculture du premier âge, par le D' A. PINARD. 1 vol. cart., 1 fr. 50. A. Colin, éditeur.

Eléments d'Hygiène infantile, par le D' AUSSET. 1 vol. cart , 1 fr. Ch. Delagrave, éditeur.

La Fraternité en action, par M'' O. GEVIN-CASSAL. 1 vol. broché, illustré, 4 fr. Librairie Fischbacher.

La Charité criminelle, par le D' H. THULIÉ. 1 vol. br., 3 fr. 50. E. Cornély, éditeur.

L'Enfance malheureuse, par P. STRAUSS. 1 vol. br., 3 fr. 50. Charpentier, éditeur.

L'Enfance coupable, par HENRI JOLY. 1 vol. br., 2 fr. V. Lecoffre, éditeur.

La Jeunesse criminelle, par PAUL DRILLON. 1 brochure in-12, 0 fr. 60. Blond et Barral, éditeurs.

Le Corps et l'Ame de l'Enfant, par le D' MAURICE DE FLEURY. 1 vol. br., 3 fr. 50. A. Colin, éditeur.

Nos Enfants au Collège, par le même. 1 vol. br , 3 fr. 50. A. Colin, éditeur.

Les Jeux des Enfants, par FRED. QUEYRAT, 1 vol. br., 2 fr. 50. F. Alcan, éditeur.

Les Anomalies mentales chez les écoliers, par les D'' J. PHILIPPE et P. BONCOUR. 1 vol. br., 2 fr. 50. F. Alcan, éditeur.

L'Age d'admission des enfants au travail industriel, par E. MARTIN-SAINT-LÉON. 1 brochure de 0 fr. 60. F. Alcan, édit.

L'Emploi des enfants dans les théâtres et cafés-concerts, par RAOUL JAY. Même collection.

L'Enseignement professionnel en France au début du xx° siècle, par RENÉ LEBLANC. 1 vol. br., 3 fr. 50. E. Cornély, éditeur.

Nous recommandons, en outre, la revue mensuelle *l'Enfant*, dirigée avec beaucoup de méthode et d'intelligence par MM. HENRI ROLLET et JACQUES TEUTSCH, et qui tient ses lecteurs au courant de toutes les études, de toutes les réformes et de toutes les œuvres concernant l'enfance.

(13, rue de l'Ancienne-Comédie, Paris. Abonnement, 5 francs par an.)

---

léon FRAPIÉ

Avec les frères Margueritte, LÉON FRAPIÉ nous apparaît comme le plus sincèrement féministe des romanciers actuels. Il n'a pourtant soutenu aucune thèse, fait entendre aucun plaidoyer en faveur de nos droits. Mais il a su comprendre et exprimer ce qu'il y a de meilleur dans l'âme féminine et ce qu'il y a de plus douloureux dans l'esclavage féminin.

Il mérite aussi d'intéresser tous les cœurs de femme par la sincérité attendrie avec laquelle il a observé et décrit l'enfance malheureuse.

Entre ses œuvres les plus émouvantes, nous signalons :

Marcelin Gayard (Calmann-Lévy), histoire d'un ouvrier devenu fonctionnaire et qui perd ses qualités les plus généreuses à mesure qu'il s'éloigne du peuple pour s'imprégner de l'esprit bureaucratique et des préjugés bourgeois.

L'écrivain féministe se révèle dans les deux exquises figures de femmes qui éclairent le roman : Lucette et Phonsine, toutes deux victimes de l'organisation sociale qui condamne l'une au célibat, et l'autre à la prostitution.

La Maternelle (Librairie Universelle), évoque en un relief saisissant la petite population étiolée et dégénérée d'une école maternelle située dans un quartier pauvre de Paris. C'est une critique un peu âpre, mais juste, de l'éducation trop artificielle donnée aux enfants du peuple. C'est aussi une peinture exquise et troublante de l'instinct maternel s'éveillant dans un cœur de jeune fille.

L'Écolière (Calmann-Lévy) est un recueil de nouvelles dont la plupart mettent en scène l'enfance déshéritée, également touchante dans sa mélancolie résignée ou dans son courageux orgueil qui ne veut pas laisser deviner aux indifférents la misère du logis.

Par l'émotion intense qui se dégage de ces petits récits, LÉON FRAPIÉ mérite une place à côté des grands peintres de l'âme enfantine : les Dickens, les Jules Vallès, les Jules Renard.

BIBLIOGRAPHIE

—

A. Dumas Fils : *L'Affaire Clémenceau*.

P. Hervieu : *Les Tenailles*.

P. et V. Margueritte : *L'Elargissement du Divorce*.

Adrien Peytel : *L'Union libre devant la Loi*.

Henri Coulon et Albert Faivre : *Jurisprudence du Divorce*.

H. Coulon : *Le Divorce par consentement mutuel*. Projet de loi.

—

BIBLIOGRAPHIE

Ouvrages à lire ou à consulter sur l'ensemble de la Question féministe :

Les Femmes et les Féministes (Revue Larousse, N° du 28 nov, 1896).

J. STUART MILL : *L'Assujettissement des Femmes*, trad. Gazelles (Guillaumin, 1876).

BEBEL : *La Femme et le Socialisme*, trad. Ravé (G. Carré, 1891).

Argyriadès a donné, dans une brochure à 30 cent., la traduction analytique de cet ouvrage (Stock).

LÉOPOLD LACOUR : *Humanisme intégral* (Stock, 1896).

JACQUES LOURBET : *Le Problème des sexes* (Giard et Brière, 1900)

LES AUTEURS FÉMINISTES

Ouvrages nouveaux à lire et à répandre

G. RÉVAL

LA CRUCHE CASSÉE

(Calmann-Lévy. — 3 fr. 50)

Roman plein de saveur et de vie, peinture réaliste et pourtant délicate d'une âme de jeune fille qui ne demanderait qu'à s'épanouir libre, saine, aimante, sincère, et que compriment et blessent douloureusement les étroits préjugés de la morale bourgeoise, représentés et défendus par une mère vaniteuse, sèche et autoritaire.

Ce livre est un beau plaidoyer en faveur de l'égalité des sexes devant l'amour.

POLIGNY, IMP. A. JACQUIN

BIBLIOGRAPHIE

Accolas : *Les Enfants naturels.* (Bibliothèque démocratique, 1 vol. in-32. 1871).

De Molinari : *La Recherche de la Paternité.* (Revue des Deux Mondes, 1er décembre 1875).

G. Rivet : *Le Châtiment,* drame en 4 actes en prose. (M Dreyfous, 1879).

A. Dumas fils : *La Recherche de la Paternité.* (Calmann-Lévy. 1 vol. in-12. 1883).

Raoul de la Grasserie : *De la Recherche et des effets de la Paternité naturelle.* (Pedone Lauriel. 1 vol. in-12, 1893).

Gustave Rivet : *La Recherche de la Paternité,* préface par A. Dumas fils. (M. Dreyfous. 1 vol. in-8. 1891).

A. Pouzol : *La Recherche de la Paternité.* (Bibliothèque sociologique internationale, Giard et Brière, éditeurs, 1902, un vol. in-8o).

J. Bonzon : *La Recherche de la Paternité.* (Aberlen, Vals-les-Bains. Brochure in-12. 1905).

LES AUTEURS FÉMINISTES

Ouvrages nouveaux à lire et à répandre

M.-L. COMPAIN

L'OPPROBRE

(Stock. — 3 fr. 50)

En nous contant très simplement, avec une émotion discrète, profonde et communicative, cette histoire douloureuse et sincère d'une jeune fille devenue mère, qui lutte courageusement pour élever son enfant, l'auteur de *l'Opprobre* n'a pas fait seulement un beau livre, il a fait œuvre de justice et d'humanité. Nous le félicitons d'avoir si bien montré la beauté du Devoir maternel et la cruauté imbécile des préjugés qui, hors du mariage, font de la maternité un opprobre.

Rappelons ici le précédent roman de M.-L. COMPAIN :

L'Un vers l'Autre

dont les héros se retrouvent dans *l'Opprobre*, et qui offre, avec la critique de l'autorité maritale, une juste et séduisante peinture du mariage idéal.

POLIGNY, IMP. A. JACQUIN